AF240215

VILLE DE NANCY

POLICE MUNICIPALE

ORGANISATION
de la Police

DEVOIRS
des Gardiens de la Paix

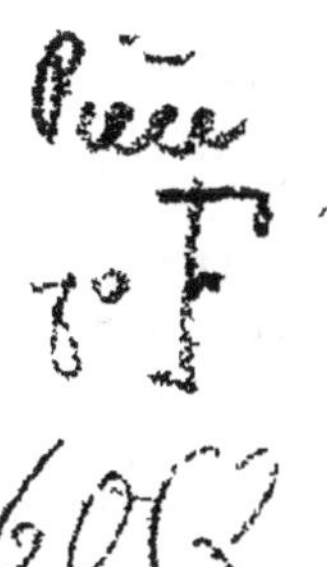

1924

IMPRIMERIE CAMILLE ANDRÉ
NANCY

POLICE MUNICIPALE

1° ORGANISATION

La police de Nancy est dirigée, sous l'autorité du Maire, par le Commissaire Central, dont les bureaux sont installés au Commissariat Central, 39, rue Gambetta et 3, rue de la Visitation.

Ce magistrat a sous ses ordres immédiats les Commissaires de police de la Ville et le personnel subalterne.

La Ville de Nancy est divisée en quatre arrondissements de police, selon les limites ci-après :

1er ARRONDISSEMENT

Le 1er arrondissement est limité au nord par la rue du Faubourg Stanislas, du pont Stanislas à la rue de Serre, la rue de Serre, la place Carnot (côté sud), la rue de la Pépinière (cette dernière rue appartient au 4e arrondissement), une ligne imaginaire partant de la rue de la Pépinière, passant devant l'Arc de Triomphe et longeant la Pépinière (côté sud), pour aboutir au canal, à hauteur de la rue César-Bagard, la rue César-Bagard jusqu'à la Meurthe (la rue César-Bagard et les Grands-Moulins appartiennent au 4e arrondissement.

A l'est, la Meurthe, des Grands-Moulins jusqu'au chemin des Cinq-Piquets.

Au sud, le chemin des Cinq-Piquets jusqu'au canal (ce chemin appartient au 2ᵉ arrondissement), le canal, de ce chemin à la rue Charles III, la rue Charles-III (cette dernière rue appartient au 2ᵉ arrondissement) et une ligne imaginaire allant de cette rue jusqu'au pont de Mon-Désert.

A l'ouest, la ligne du chemin de fer, depuis le pont de Mon-Désert jusqu'au pont Stanislas.

2ᵉ ARRONDISSEMENT

Le 2ᵉ arrondissement est limité au nord par une ligne imaginaire partant du pont de Mon-Désert et aboutissant à la rue Charles-III, la rue Charles-III, le canal, de l'extrémité de cette rue à hauteur du chemin des Cinq-Piquets, le chemin des Cinq-Piquets jusqu'à la Meurthe.

A l'est, par la Meurthe, jusqu'à la limite de la commune de Jarville.

Au sud, la limite des communes de Jarville et de Vandœuvre, jusqu'à l'octroi de la rue du Montet.

A l'ouest, par la rue du Montet, jusqu'au pont du Montet et la ligne du chemin de fer, de ce pont au pont de Mon-Désert.

3ᵉ ARRONDISSEMENT

Le 3ᵉ arrondissement est limité au nord par le territoire de la commune de Maxéville, depuis la limite de la commune de Laxou, jusqu'à la ligne du chemin de fer.

A l'est, la ligne du chemin de fer, depuis la limite de la commune de Maxéville, jusqu'au pont du Montet.

Au sud, la rue du Montet, depuis le pont jusqu'à l'octroi (la rue du Montet appartient au 2ᵉ arrondissement).

A l'ouest, la limite des communes de Villers et de Laxou.

4e ARRONDISSEMENT

Le 4e arrondissement est limité au nord par le territoire de la commune de Maxéville, depuis la ligne du chemin de fer jusqu'à la Meurthe.

A l'est, par la Meurthe, jusqu'aux Grands-Moulins.

Au sud, par la rue César-Bagard, une ligne imaginaire partant de cette rue, longeant la pépinière (côté sud), passant devant l'Arc de Triomphe et aboutissant à la rue de la Pépinière, la rue de la Pépinière, la place Carnot (côté sud), la rue de Serre et la rue du Faubourg Stanislas, jusqu'au pont (la rue de Serre et la partie du Faubourg Stanislas, appartiennent au 1er arrondissement.

A l'ouest, la ligne du chemin de fer, depuis le pont Stanislas jusqu'à la limite du territoire de la commune de Maxeville.

Dans chaque arrondissement est établi un Commissariat de Police, dirigé par un Commissaire de Police.

Le Commissariat du 1er arrondissement est situé au n° 39 bis de la rue Gambetta.

Celui du 2e arrondissement, à l'angle des rues de la Prairie et de Strasbourg.

Le Commissariat du 3e arrondissement est situé rue de la Croix-de-Bourgogne, n° 15.

Celui du 4e arrondissement, boulevard Charles-V, n° 29.

Le Service de la Sûreté, installé 39, rue Gambetta, et 3, rue de la Visitation, est placé sous les ordres d'un Commissaire de Police portant le titre de Chef de la Sûreté.

Les Commissariats de Police sont ouverts tous les jours de 8 heures du matin à 7 heures du soir, dimanches et jours de fêtes exceptés.

Les postes de police, dépendant des Commissariats, sont continuellement ouverts.

Tous les jours, un Service de Permanence fonctionne, sous la direction d'un Commissaire de Police, au Commissariat Central de Police, de 7 heures du soir à minuit.

Le dimanche et les jours de fêtes, la permanence commence à 8 heures du matin, pour se terminer à minuit.

2° DEVOIRS DES GARDIENS
DE LA PAIX

Les gardiens de la paix doivent se rendre compte que leur service sur la voie publique ne consiste pas à suivre l'itinéraire indiqué en désœuvrés ou en curieux, mais en observateurs attentifs, de manière à prévenir tous crimes ou délits contre la chose publique, les personnes ou les biens des particuliers.

Ils surveillent avec soin toutes les personnes dont les allures leur paraissent suspectes, veillent à l'exécution des lois et règlements de police, notamment en ce qui concerne la liberté et la sûreté de la voie publique et de la salubrité.

Chaque gardien de la paix est responsable de son îlot, qu'il doit surveiller au point de vue de la propreté, de l'hygiène, de la tranquillité et de l'observation de toutes les prescriptions municipales.

Ci-après copie de l'arrêté municipal du 27 Juillet 1922, relatif à la propreté de la voie publique :

« ARTICLE PREMIER. — Les articles 904 à 910, 920 à
« 979 inclus, du Règlement de Police municipale,
« sont supprimés et remplacés par les dispositions
« suivantes :
« 1° Il est formellement interdit de jeter, écouler
« ou abandonner sur la voie publique ou ses dépen-
« dances, bouches d'égouts, puisards, fontaines, etc..
« tous immondices ou déchets de quelque nature
« qu'ils soient, et plus particulièrement ceux qui sont
« susceptibles de blesser les passants, tels que mor-
« ceaux de verre, bouteilles cassées, débris de pote-
« rie, de faïence, et tous autres objets de même
« nature.
« Il est interdit également d'y jeter des papiers,
« pelures d'oranges, fruits, loques, déchets, rebuts et
« choses quelconques.
« L'écoulement des eaux ménagères est autorisé
« dans les rues non pourvues d'égouts.
« Il est défendu d'uriner ailleurs que dans les uri-
« noirs affectés à cet usage.

« Les transports de toutes matières susceptibles de
« se répandre s'effectueront exclusivement dans des
« récipients ou véhicules d'une étanchéité absolue,
« avec un arrimage suffisant.

« 2º Les propriétaires ou locataires sont solidaire-
« ment tenus de faire balayer ou nettoyer complète-
« ment chaque matin, les trottoirs, canivaux et
« gargouilles devant leurs maisons, magasins, cours,
« jardins ou autres immeubles, quelle qu'en soit l'af-
« fectation.

« Par temps sec, sauf en cas de gelée, l'opération
« du balayage sera toujours précédée d'un arrosage
« suffisant pour empêcher la formation de la pous-
« sière.

« Le balayage devra être entièrement terminé à
« 7 heures 1/2 pour la période comprise entre le
« 1er novembre et le 1er mars et à 7 heures pour celle
« du 2 mars au 31 octobre.

« 3º Indépendamment du nettoiement quotidien
« défini comme il est dit au nº 2 ci-dessus, les trot-
« toirs et caniveaux et éventuellement la chaussée,
« devront être remis immédiatement par les riverains
« en parfait état de propreté et de circulation à tout
« moment de la journée, chaque fois que, par suite
« d'une circonstance quelconque (déménagement,
« déchargement, trafic ou industrie, etc.) ces portions
« de la voie publique auront été, de leur fait, salies
« ou encombrées

« En particulier, tout commerçant, étalagiste, per-
« missionnaire d'emplacement de vente ou de débit,
« devra faire en sorte que le trottoir, le caniveau et
« la chaussée au droit du lieu de son négoce, soient
« sans désemparer débarrassés et nettoyés des déver-
« sements, résidus, débris ou déchets si minimes
« qu'ils soient provenant de la manipulation et de la
« vente, ainsi que des transports, empaquetages,
« déballages ou autres opérations afférentes au com-
« merce dont il s'agit. Les matières solides seront
« recueillies, au fur et à mesure, dans un récipient
« clos et placé à portée et aussitôt emporté par l'in-
« téressé hors de la voie publique.

« 4º Les produits des divers nettoiements spécifiés
« aux nos 2 et 3 ne devront donc rester, sous aucun

« prétexte, sur la voie publique. Ils seront enlevés
« par les soins et aux frais de la ville, en même temps
« que les ordures ménagères, mais à la condition
« expresse que les uns et les autres soient ou portés
« directement à la voiture de collecte, ou renfermés
« préalablement dans des boîtes du modèle décrit
« ci-après, déposées le matin sur le trottoir.

« Ces récipients seront exclusivement métalliques,
« et d'une contenance maxima de 4 décalitres. Leur
« poids, une fois remplis, ne devra pas dépasser 30
« kilogrammes. Ils seront munis de couvercles éga-
« lement métalliques les obturant complètement, et
« ne pouvant être soulevés facilement par les chiens
« ni se séparer de la boîte lors de son renversement.
« La partie supérieure sera munie d'une anse. Le
« fond ou la partie inférieure sera muni d'une poi-
« gnée.

« Les dits récipients devront être constamment
« maintenus en bon état d'entretien ; en particulier,
« toute déformation en empêchant l'obturation par-
« faite entraînerait leur remplacement immédiat.

« Un délai de six mois à partir de la mise en
« vigueur du présent arrêté est accordé pour la mise
« en service de ces boîtes, dont l'acquisition, la
« réparation ou le remplacement sont et demeurent
« aux frais exclusifs des intéressés.

« Néanmoins, les personnes ne possédant ou ne
« pouvant se procurer un récipient du type ci-dessus
« auront la faculté de porter directement leurs ordu-
« res ménagères à la voiture de collecte à son passage
« sans jamais les laisser déposées sur la voie publi-
« que.

« 5° Les récipients ci-dessus, remplis et fermés à
« l'intérieur des habitations, seront déposés chaque
« matin, avant le passage de la voiture d'enlèvement
« sur le trottoir, contre le mur de l'immeuble, ou si
« la rue est plantée, au droit de la ligne des arbres.

« Il est interdit, sous quelque prétexte que ce soit,
« et à quiconque, de les rouvrir sur la voie publique
« avant leur vidange dans les voitures.

« Les récipients provenant des immeubles situés
« dans les voies non accessibles aux voitures, ou dans
« les cours, passages ou cités, seront déposés au

« débouché, sur la voie publique, de ces voies privées
« ou espaces intérieurs.

« L'usage des boîtes collectives continuera à être
« admis, mais entre habitants d'une même maison
« seulement, sans dépasser un poids total de 70 kilogs
« par boîte, et sous la réserve que les détenteurs
« seront solidairement responsables de l'usage de ces
« boîtes et des infractions qui pourraient en résul-
« ter. La boîte collective portera l'indication de l'im-
« meuble qu'elle dessert.

« Les récipients devront être rentrés à l'intérieur
« des immeubles une demi-heure au plus tard après
« le passage des voitures d'enlèvement.

« 6º Les débris provenant des caves et greniers ou
« de l'entretien des cours et jardins ne seront enlevés
« par les voitures de la Ville que jusqu'à concur-
« rence de 2 décalitres par ménage.

« 7º L'enlèvement des ordures ménagères et choses
« ci-dessus énoncées, par le Service municipal, a lieu
« tous les jours, sauf les dimanches et jours de fêtes
« légales.

« 8º Les propriétaires ou locataires doivent faire
« racler et balayer les neiges, casser et balayer les
« glaces, depuis le mur de leur immeuble jusqu'à
« 0 m 60 au-delà du fond du caniveau. Le produit de
« ce balayage sera laissé en bourrelets sur la chaus-
« sée et non mis en tas.

« Il est défendu de déposer sur la voie publique
« aucune neige ou glace provenant de l'intérieur des
« habitations, et d'y répandre ou d'y laisser couler
« de l'eau par les temps de gelée.

« 9º En cas de verglas, il est enjoint aux habitants
« de faire répandre, au-devant de leurs habitations,
« des cendres, du sable, du gravier ou de la sciure de
« bois. Il est interdit de former des glissoirs sur
« aucune partie de la voie publique.

« 10º Le propriétaire ou les personnes chargées,
« aux termes de leurs conventions, de l'exécution des
« mesures qui précèdent, seront responsables d
« l'inobservation de ces mesures, et des procès-v
« baux seront dressés contre eux le cas échéant.

« **Art.** 2. — M. le Commissaire Central de Police
« et M. l'Ingénieur en Chef, Directeur du Service de
« la Voirie munipale, sont chargés, chacun en ce qui
« le concerne, de l'exécution du présent arrêté, qui
« sera publié et affiché ».

Les gardiens de la paix veillent à la fermeture des
portes et allées à l'heure réglementaire.

Ils doivent connaître toutes les rues, places, passages, impasses, monuments, hôtels, etc., de la Ville et
toujours être en état de renseigner rapidement et
exactement les personnes qui s'adressent à eux ; ils
doivent écouter avec patience les questions qui leur
sont posées et y répondre avec courtoisie. Ils doivent
enfin connaître le domicile des médecins, pharma-
ciens et sages-femmes habitant le quartier auquel ils
sont spécialement attachés ; en un mot, chaque
endroit où l'on peut trouver des secours en cas d'accident ou de tout autre évènement.

Ils doivent connaître la teneur des divers règlements municipaux et les faire appliquer sans faiblesse,
mais aussi sans brutalité.

Ils devront se rappeler sans cesse que leur premier
devoir est de prévenir tout particulier qu'ils verront
sur le point de commettre une infraction aux lois et
règlements, et ils ne la constateront que lorsque les
avertissements seront demeurés sans résultat, ou que
la mauvaise volonté sera évidente.

Si l'exécution des lois et arrêtés et le maintien de
la liberté et de la tranquillité de la voie publique
exigent parfois, de la part des gardiens de la paix,
une action prompte et énergique, ils doivent aussi,
en dehors de ces cas, se montrer obligeants envers
tous, dans la limite des nécessités de leur service.

Ils veillent avec une attention constante à ce qu'aucun scandale ne se produise sur la voie publique.
Dès qu'un incident se manifeste, qu'un rassemble-
ment se forme dans la rue, ils doivent se porter rapidement sur les lieux où cet incident, ou ce rassem-
blement se sont produits. Ils dispersent le rassemble-
ment quand cela est nécessaire et, en cas de besoin,
demandent du renfort au poste de police le plus voisin
ou au Commissariat Central.

Ils signalent sans retard entre les mains du Secrétaire principal du Commissariat Central tout objet trouvé par eux sur la voie publique. avec indication de l'heure et des circonstances dans lesquelles l'objet a été trouvé. Cette déclaration est consignée sur le registre *ad hoc*

Si une personne leur fait connaître qu'elle a trouvé un objet quelconque, ils ne doivent pas en accepter le dépôt, mais seulement inviter cette personne à se rendre au Commissariat Central en faire la déclaration.

Les gardiens de la paix doivent, en toute circonstance, protection et assistance aux citoyens. Si un encombrement gêne la circulation. ils prennent d'eux-mêmes toutes les mesures qu'ils jugent indispensables pour la rétablir le plus promptement possible. Ils aident les piétons, et notamment les infirmes, les mutilés, les vieillards, les femmes, les enfants, dans la traversée des voies publiques où le nombre des voitures la rend dangereuse ou difficile.

Si un enfant égaré peut indiquer son adresse, le gardien de la paix le conduit ou le fait conduire par un collègue chez ses parents Si l'enfant égaré ne peut indiquer son domicile, l'agent le conduit au Commissariat Central, où l'on fait le nécessaire pour retrouver sa famille.

De même, si des parents signalent la disparition d'un enfant, le Commissariat fait toutes diligences pour le retrouver.

Les gardiens de la paix ont le devoir de faire respecter la décence et d'assurer la tranquillité de la voie publique A cet effet, ils dissipent les rassemblements de camelots, crieurs d'imprimés, mendiants, etc... Ils veillent à ce que le public ne soit pas obsédé par les sollicitations des uns, ni assourdi par les cris des autres. Ils conduisent devant le Commissaire de Police du quartier les auteurs de cris de nature à blesser la décence publique et invitent les crieurs trop bruyants à baisser leur ton.

Ils s'opposent par tous les moyens légaux, à la mendicité. Si les mendiants sont des enfants, accompagnés ou suivis à distance par des individus qui s'en servent, ostensiblement ou non. comme instrument pour émouvoir la charité publique, ils n'hésitent pas, après une surveillance suffisamment longue, pour qu'il n'y ait pas d'erreur possible, à conduire ces individus avec les enfants devant le Commissaire de Police.

Ils dressent des rapports de tout ce qu'ils ont vu ou appris, touchant l'intérêt de la justice ou le maintien de l'ordre public et des bonnes mœurs. Ils signalent, en un mot, à leurs supérieurs, tous faits, tous incidents, affiches, cris, qui leur paraissent de nature à blesser ou à impressionner la population.

Les gardiens de la paix doivent, par une vigilance et une attention sans relache, s'efforcer de prévenir les crimes, les délits et les contraventions.

Les rapports des gardiens de la paix, sur les contraventions qu'ils ont constatées, sont remis au Commissaire de Police de l'arrondissement, qui dresse le procès-verbal et le transmet au Commissariat Central aux fins de poursuites ultérieures.

L'auteur d'une contravention ne doit pas être arrêté, et les gardiens de la paix doivent se borner à lui demander ses nom, prénoms et domicile.

Toutefois, dans le cas où l'auteur de la contravention refuse de faire connaître ses nom et prénom, ou si, n'étant pas connu ou n'étant porteur d'aucune pièce pouvant établir son individualité, il parait avoir donné un faux nom et un faux domicile, le gardien de la paix doit l'inviter à le suivre au Commissariat de Police de l'arrondissement ou à la Permanence, et, au besoin, l'y contraindre.

Les gardiens de la paix répriment, d'une façon spéciale les infractions commises contre la loi sur l'ivresse publique, et les bruits et tapages nocturnes susceptibles de troubler le repos des habitants.

Lorsqu'un gardien de la paix opère une arrestation pour crime ou délit il conduit la personne arrêtée devant le Commissaire de Police.

Lorsqu'une arrestation a lieu pendant les heures de fermeture des Commissariats, la personne arrêtée est conduite devant le Commissaire de Police de Permanence, et après la Permanence, au Poste Central de Police, à la disposition du Commissaire de Police de l'arrondissement où le crime a été commis.

Dans les cas urgents et importants, le Commissaire Central et les Commissaires de Police sont informés à leur domicile privé.

Il est formellement interdit aux gardiens de la paix, comme à tous les fonctionnaires ou agents de p lice, sous peine de punition grave, de faire subir aucun mauvais traitement aux personnes arrêtées ; ils doivent également s'abstenir de tout propos ironique ou blessant à l'égard de ces mêmes personnes. Ils doivent les défendre, au besoin, contre la colère du public.

Les gardiens de la paix se rendant à leur service ou l'ayant quitté, ont les mêmes obligations que dans le service, s'ils se trouvent en face d'un crime ou d'un délit, d'une contravention ou de tout autre fait, de nature à motiver l'intervention de la Police.

Ils se doivent, entre eux, même en dehors du temps de service, aide et assistance sur la voie publique.

Toutes les fois qu'une personne se trouve blessée ou malade sur la voie publique, ou retirée de l'eau en état de suffocation, et, en général dans tous les accidents de personnes, le gardien de la paix de service fait transporter immédiatement la personne blessée ou malade, savoir :

A l'hôpital civil, si l'accident est grave ;

Au poste de secours le plus voisin, où à la pharmacie la plus proche, si les blessures ne présentent pas un danger immédiat.

Le gardien de la paix accompagne le blessé. Dans l'un comme dans l'autre cas, il prend au préalable les noms et demeures des témoins et tous renseignements de nature à éclairer la Justice sur les responsabilités. En outre, il prévient aussitôt le Commissaire de Police de l'arrondissement.

Il veille à ce que les traces matérielles de l'accident soient conservées en l'état, autant que possible, jusqu'à l'arrivée du Commissaire de Police qui doit procéder aux constatations, et invite, les témoins qui peuvent le faire, à attendre l'arrivée de ce magistrat ; il prend le nom et l'adresse des témoins qui ne peuvent pas attendre.

En ce qui concerne les accidents d'automobiles, les gardiens de la paix doivent se conformer strictement aux instructions contenues dans la « Consigne » de M. le Maire de la Ville de Nancy, en date du 15 octobre 1920, dont ci-après, copie :

« ARTICLE PREMIER. — Toute contravention soit à la « législation sur les automobiles (décrets du 10 mars

« 1899 et du 10 septembre 1901, arrêté ministériel du
« 11 septembre 1901), soit aux arrêtés municipaux
« réglementant leur circulation et leur vitesse 'arrêté
« du 19 mars 1920), sera constatée par procès-verbal,
« lequel sera transmis pour ses suites au Tribunal de
« simple Police.

« ART. 2 — En cas d'accident d'automobile sur la
« voie publique, rencontre, collision, dégradation de
« réverbères, de devantures et autres quelconques,
« l'automobile ou les automobiles intéressés seront,
« autant que le permettra la circulation publique,
« laissés sur le lieu même de l'accident jusqu'à ce
« qu'aient pu être faites, sur l'intervention du Com-
« missaire de Police compétent, les constatations
« matérielles nécessaires.

« ART. 3 — Pendant ce temps, le chauffeur ou les
« chauffeurs des automobiles intéressés sera ou
« seront conduits au Commissariat Central de Police
« ou au Commissariat de l'arrondissement du lieu de
« l'accident, où leur identité sera constatée et où sera
« immédiatement ouvert et commencé, par leur decla-
« ration, le procès-verbal de police sur l'événement.
« Le ou les chauffeurs demeureront au Commissariat,
« aussi longtemps qu'il le faudra, pour y recevoir les
« déclarations des témoins, procéder aux confronta-
« tions et clore le procès-verbal sans désemparer. Il
« ne pourra être sursis à la continuation, à l'achève-
« ment et à la clôture du procès-verbal qu'en cas de
« nécessité absolue, telle que la recherche de témoins.

« ART. 4. — En cas de blessures, même légères,
« occasionnées à une personne, et après la constata-
« tion d'identité au Commissariat de Police, le ou les
« chauffeurs seront conduits au Parquet de M. le
« Procureur de la République et mis à sa disposition,
« conformément à l'article 1er de la loi du 20 mai
« 1863 sur l'instruction des flagrants délits, et pour
« le cas où ce magistrat jugerait devoir poursuivre
« ce flagrant délit, conformément à l'article 41 du
« Code d'instruction criminelle.

« ART. 5. — Il ne sera fait exception aux disposi-
« tions des articles 2, 3 et 4 qui précèdent sous aucun
« prétexte, et notamment pour urgence du voyage ou
« déplacement au cours duquel a eu lieu l'accident.

« Seuls, le matériel d'incendie et les voitures d'am-
« bulance des sapeurs-pompiers et des hôpitaux
« civils et militaires, seront exceptés des mesures
« des articles 2, 3 et 4, et pourront continuer leur route
« s'ils sont en état de le faire.

« Art. 6. — Chaque semaine, M. le Commissaire
« Central fera parvenir au Maire un état des contra-
« ventions et procès-verbaux dressés dans cette
« période, avec ses observations particulières sur les
« cas qui le comporteraient par leur nature ou leur
« gravité.

« Art. 7. — En cas de contravention ou de procès
« verbal dressés contre un chauffeur, un camion,
« side-car ou autre engin des Régions libérées. M. le
« Commissaire Central ou MM. les Commissaires de
« Police en aviseront M. le Préfet de Meurthe-et-
« Moselle par un rapport spécial, et, en cas d'urgence.
« par téléphone. En ce cas, le chauffeur des Régions
« libérées sera retenu au Commissariat de Police non
« seulement jusqu'à accomplissement des formalités
« prévues aux articles 2, 3 et 4, mais jusqu'à ce
« que M. le Préfet avise qu'il convient de le lui
« amener, ou de le conduire à ses supérieurs directs,
« ou, au contraire, qu'il n'est pas utile de le garder
« plus longtemps à disposition.

« Art. 8. — Les dispositions de l'article precedent
« sont applicables aux voitures, engins automobiles
« et chauffeurs de l'armée ; en ce cas. c'est à la Place
« et à M. le Major de la garnison que sera donné
« l'avis prescrit et d'eux que seront attendus les
« ordres prévus.

« Art. 9. — Le présent règlement sera affiché dans
« tous les bureaux de police et d'octroi, et un exem-
« plaire en sera continuellement porté par les gar-
« diens de la paix et autres agents de la police. En
« cas de nécessité, ils l'exhiberont aux intéressés et
« dresseront contravention à ceux qui refuseraient
« d'y obtempérer, sans préjudice à l'emploi des moyens
« propres à les y contraindre matériellement et sur-
« le-champ.

« Art. 10. — Les gardiens de la paix et autres
« agents chargés de la surveillance de la voie publi-

« que et les préposés des bureaux de l'octroi auront
« en mains ou à leur disposition des drapeaux rouges
« qu'ils emploieront à arrêter les automobiles, soit ·
« qu'ils se livrent à un excès de vitesse, soit qu'il
« convienne de constater un défaut de plaque ou de
« numéro, soit pour toute autre cause ou infraction,
« soit encore qu'il s'agisse des déclarations dues à
« l'octroi, de la perception des taxes ou de la visite du
« contenu des véhicules ».

Chaque gardien de la paix est muni d'un sifflet,
duquel il doit faire usage pour imposer l'arrêt aux
automobilistes en faute et leur dresser des contraventions.

En cas de décès sur la voie publique, le corps est
transporté, par les soins des Pompes funèbres, à
l'Institut médico-légal.

Les blessés ou les malades qui doivent être transportés, le sont à l'aide de la voiture-ambulance des
Sapeurs-pompiers, requise par les soins des Commissaires de Police ou des gardiens de la paix.

Si la personne est atteinte d'une maladie contagieuse, le transport est assuré par le service d'hygiène.

Aussitôt qu'un gardien de la paix a connaissance
d'un incendie (feu de cheminée ou autre), il doit,
après avoir averti les gens de la maison, en prévenir
immédiatement le poste permanent de la C⁰ des
Sapeurs-pompiers, par l'intermédiaire du Commissariat Central.

Tous les agents de police doivent savoir se servir
du téléphone. Cet appareil existe dans les Commissariats et dans les postes de police, ainsi que dans
presque tous les établissements importants de la Ville.
et permet de faire en temps voulu, les communications urgentes, les appels, les demandes de secours
nécessaires.

Les agents de tous ordres appartenant au service
de la police doivent obéir immédiatement et ponctuellement à tous les ordres qui leur sont donnés par
leurs supérieurs.

Il est interdit aux gardiens de la paix en uniforme
sur la voie publique, d'entamer des conversations
avec leurs collègues ou le public, sans nécessité

absolue ; de lire aucun journal ; en un mot, de s'occuper d'autre chose que de leur service.

Ils ne doivent pénétrer dans une maison qu'en cas d'incendie, de sinistre quelconque, de crime flagrant ou de réclamation de l'intérieur.

Les gardiens de la paix de tous grades doivent avoir, sur la voie publique, une tenue correcte ; porter des effets et des chaussures convenablement brossés. Ils doivent éviter des allures débraillées, telle que porter le képi sur l'oreille ou en arrière, laisser la tunique, la vareuse ou la capote déboutonnées, mettre les mains dans les poches et toute autre attitude pouvant laisser supposer qu'ils n'ont pas la notion de la dignité avec laquelle ils doivent exercer leurs fonctions

Leur tenue doit également être irréprochable dans les Commissariats et postes de police.

Les agents en tenue saluent militairement et d'une façon discrète leurs chefs, ainsi que les autorités et les chefs de service de l'administration municipale, préfectorale et judiciaire.

Les agents en tenue, titulaires de décorations, les portent ostensiblement.

TABLE DES MATIÈRES

D

E

F

G

H

I

R